# Lettres de Sicile.

# LETTRES

DE

# SICILE,

PAR

## Fortuné Abraham-Dubois.

Avranches.


E. TOSTAIN, IMPRIMEUR-LIBRAIRE, ÉDITEUR.

1843.

# A MONSIEUR TOSTAIN,

## Imprimeur-Libraire, Éditeur, à Avranches.

Alger, le 25 Septembre 1843.

Vous m'avez demandé, Monsieur, dans des termes beaucoup trop obligeans, l'autorisation de reproduire en brochure les Lettres de Sicile insérées dans le feuilleton du Journal d'Avranches ; en adhérant à votre proposition, je me félicite de vous être agréable.

Recevez, etc.

# I.

Départ de Naples. — Palerme.

----

Palerme, 2 Juin 1842.

Me voilà dans Palerme, à près de cinq cents lieues de Paris, près de six cents lieues d'Avranches. Cette réflexion se fait jour la première, et je la dédie à ceux que j'affectionne, comme toutes mes pensées de l'absence, mes sensations douces ou pénibles. Triste condition de l'éloignement ! quand et comment parviendront-elles à leur adresse ?

J'étais à Naples il y a cinq jours : un mois m'a-

**2**

vait suffi pour explorer cette capitale, et la comparer avec Rome dans mes souvenirs et dans mes notes. J'avais visité Baïa et Sorrente, Herculanum et Pompeï, Ischia, le Vésuve et cette île de Caprée où vint mourir Tibère, au sein de murailles taillées par la nature, hautes à donner le vertige, et que les Français ont escaladées dans nos guerres de l'Empire.

Ma barque avait vogué le soir devant la Villa-Reale parmi des milliers d'autres barques, chargées les unes de jeunes filles, les autres de pêcheurs, qui chantent en se répondant. J'avais rendu mes devoirs à Nisida, petite roche isolée, que les vers de M. de Lamartine ont dotée de l'immortalité :

> « Combien de fois près du rivage
> Où Nisida dort sur les mers.... »
> . . . . . . . . . . . . . . . . . . . .

A Naples, on récite involontairement du Lamartine. J'avais tout vu enfin sur ces charmans rivages, je voulais voir encore.

De quel côté chercher des impressions nouvelles ? J'étais indécis, tout en penchant vers la région du sud. Je relisais des lettres de France. Une confiance qui m'est chère m'accorde pleine liberté, et ma bonne étoile, dont les inspirations ont été et seront, j'espère, toujours heureuses, m'indiquait un voyage en Sicile.

Je ne saurais dire avec quel bonheur j'embrassai cette idée. C'est, je crois, une des grandes jouissances des touristes de trouver dans la satisfaction de leurs désirs, le germe d'autres désirs plus lointains, et de ranimer l'imagination par la réalité. La baie que j'admirais si bleue, me promettait d'autres baies plus bleues encore, Naples me montrait Palerme, le Vésuve me faisait rêver l'Etna.

Après quelques préparatifs de départ, ennuyeux côté des voyages, muni d'un passeport tout spécial obtenu non sans peine, muni aussi d'un compagnon de route que le hasard m'a fait rencontrer dans une excursion aux temples de Pestum ; lundi dernier, à trois heures de relevée, j'étais accoudé sur l'avant d'un petit paquebot napolitain allant à Palerme, qu'on appelle *la Maria-Teresa*. Bientôt la machine a soufflé, les larges roues tournoient le long des flancs de cuivre, et le bateau a doublé le bout du môle pour filer ensuite le cap au sud. Nous étions au milieu du golfe.

Par un hasard étrange, nous y étions seuls en ce moment. Les barques qui d'ordinaire fourmillent à l'entrée du port, étaient rentrées comme une troupe d'oiseaux, à la vue d'un gros banc de nuages qui couvrait déjà la moitié de la mer. Les montagnes de Sorrente et de Castellamare confondaient dans l'ombre leurs crêtes dentelées, tandis que la lumière caressait encore les côtes unies de Pouzzoles et de Baïa, et une partie seulement des maisons blanches de Naples qui faisaient le fond du tableau. C'était, vu de la baie, un étonnant et grand spectacle. Le tonnerre a fait entendre sa voix, avec accompagnement d'une pluie diluvienne, et les vagues, si calmes auparavant, ont moutonné comme sur nos rives de la Manche. Nous avons eu enfin un de ces orages du mois de mai, quelquefois très-violens, mais toujours très-courts dans le midi de l'Italie : il avait bientôt disparu.

Peu à peu nous gagnions le large : le cap Mysène et la pointe de la Campanella se dérobaient au loin, la terre se fondait dans les teintes du ciel, et, seuls restés à l'horizon, le Vésuve et le volcan d'Ischia, deux géans debout, baissaient eux-mêmes, baissaient encore, pour enfin disparaître et s'éteindre dans l'immensité de l'Océan.

Je regrette d'avoir à le dire : l'isolement entre le ciel et l'eau, dans cette saison et sous ce climat, m'a inspiré peu de mélancolie : il y avait trop de lumière. Le soleil s'est couché avec des rayonnemens splendides, l'occident présentait un de ces incendies tels qu'on en doit voir sous les tropiques, et j'ai passé sur le pont une nuit plus étoilée et plus douce que toutes les nuits ensemble de nos étés du Nord.

Quand le jour a paru, les montagnes qui forment l'arête de la Sicile pointaient déjà au-dessus des nuages, et le rocher d'Ustica fuyait derrière nous : on était à quinze lieues de Palerme. Je suis monté sur l'un des tambours qui recouvrent les roues, et là j'ai vu se lever lentement le rideau qui me cachait une scène que j'étais venu chercher de loin. Il est, je vous le jure, en voyage des instans qui rachètent de longues heures d'attente. La mer, à mesure que nous approchions, devenait plus tranquille et plus claire ; les montagnes se détachaient une à une de leurs groupes confus d'abord, leurs cîmes plus nettes s'étageaient en amphithéâtre, et leurs bases se coloraient de tons variés, mais toujours riches, comme les feux qui les éclairent. « Palerme est là, me disait-on, dans une plaine allongée que ces monts protègent contre les vents du midi. »

Je ne voyais alors qu'un espace plus vert et comme plus doux à l'œil, avec des formes indécises de dômes et d'édifices. Mais quand nous avons dépassé le cap de Gallo, altier et sourcilleux comme un flanc de Caprée, j'ai pu embrasser d'un regard ce charmant coin du monde et reconnaître la reine de la Sicile. L'Etna en est le roi. A gauche, un autre cap, Zafferano, avance sa tête basse et déchiquetée ; à droite, le Monte Pellegrino, où dort Sainte Rosalie, détache ses lignes bizarres des eaux et de la plaine ; en face, Palerme se dessine presque toute blanche au milieu de la verdure sombre des orangers ; et, bien loin au fond, Monreale, assise au penchant de la montagne, semble regarder les mers par-dessus le front de sa souveraine. J'étais en extase. Pour la première fois dans mes courses, j'avais devant les yeux plus que je n'avais rêvé. Le sentiment qui saisissait mon âme était une admiration muette et même un peu craintive. Je n'osais mettre le pied sur cette terre promise qui m'apparaissait si belle. Il est tant de choses dans la vie qu'il ne faut pas approfondir, quand on chérit ses illusions, quand on redoute les mécomptes. Palerme, ma chère reine, n'est pas de celles-là, elle tient ce qu'elle promet, et l'on peut dire d'elle qu'on l'aime sans la voir, et que, plus on l'a vue, plus on l'aime.

La *Maria-Teresa* était entrée dans le port. Dégagés des démêlés avec la douane, à l'aide de quelques pièces de monnaie, car ici, comme à Naples, comme dans toute l'Italie, on ne s'en tire pas autrement, nous avons pris gîte dans une petite maison blanche et verte, avec des carreaux de brique pour parquet, des lits de fer, des chaises de paille, et des nattes aux fenêtres. C'est peu somptueux, mais approprié au climat. Devant la porte s'étend une grande place plantée d'arbres, qu'on appelle *Piano della Marina*, à cause du voisinage de la mer.

A peine installé, j'avais hâte de sortir, et, malgré une température presque africaine, j'ai renoncé à toute la fraîcheur de ma chambre pour m'abandonner au hasard des découvertes. Je ne connais rien de délicieux comme cette première excursion dans une ville inconnue ; errer à l'aventure, se trouver à l'improviste devant un monument, saisir au vol la physionomie générale : c'est mon système, j'ai horreur des ciceroni.

La rue que j'ai rencontrée d'abord était Tolède ; non cette Tolède dégénérée que j'avais laissée à Naples, et qui, de sa splendeur au temps des Espagnols, n'a gardé que ses sbires et ses filous ; mais une *strada* d'un aspect étrange, pleine de caractère et de couleur, bizarre et nouvelle pour moi des pavés aux toitures. Figurez-vous une rue peu large pour sa longueur, mais très-droite et très-longue ; à une extrémité, la mer, et la mer de Sicile ; à l'autre, une porte pratiquée dans une tour au toit oriental, peint de mille couleurs étincelantes ; de chaque côté, des palais commencés par les Arabes, continués par les Normands, achevés par les Espagnols : tous les styles, tous les âges, tous les peuples confondus, ou plutôt superposés ; et sur toutes ces façades, d'énormes balcons à grillages dorés qui se renflent comme des corbeilles. Je regardais, j'admirais, et j'admirais tout seul ; car, à cette heure du jour, la rue était complétement déserte, on n'entendait presque aucun bruit, et, à cette solitude, à quelques-uns des édifices que j'avais devant les yeux, j'aurais pu me croire dans une ville d'Orient.

J'ai monté lentement vers la Porte-Neuve, perdu dans une satisfaction indéfinie, m'arrêtant parfois, et parfois aussi me retournant vers la nappe argentée du golfe de Palerme. Après un rond-point formé par la jonction d'une autre grande rue droite, j'ai rencontré une petite place et la cathédrale. C'est un vaisseau sans tours, sans façade proprement dite, sans style bien marqué, quoique le gothique arabe y domine, et pourtant l'ensemble est d'un merveilleux effet. Vous ne sauriez imaginer comme les dentelures qui couronnent la nef se détachent sur ce ciel si pur. Il y a un air de richesse et de gloire répandu sur le monument rien que par le soleil. Je suis entré ; l'église était déserte, comme les rues, et comme le sont presque toutes les églises en Italie. Deux empereurs allemands dorment dans des sépulcres de porphyre. Pourquoi ces sombres maîtres de la froide Allemagne sous ces rayons joyeux et brûlans? Ce fut pourtant le sort de cette Sicile dorée de servir et d'enrichir les fils du Nord! Il est vrai qu'elle savait aussi les chasser, et je me suis rappelé les trop fameuses Vêpres de Pâques 1282; elles furent sonnées dans cette même cathédrale si paisible aujourd'hui, aujourd'hui qu'autour d'elle on a eu le temps d'oublier la liberté.

La rue de Tolède, en arrivant à cette *Porta-Nuova* qui brille de si loin, aboutit à une grande place irrégulière, ornée de rosiers et d'arbustes ; une de ses faces est occupée par le palais des vice-rois et sa chapelle célèbre où fut baptisé notre duc d'Orléans ; dans un coin se dresse une statue de roi d'Espagne, la couronne en tête et le sceptre en main, avec cette attitude étrange qu'ont gardée les Charles et les Philippe de Madrid : sur la gauche, rien ne cache de magni-fiques croupes de montagnes qu'illumine le soleil. Je me suis reposé à l'ombre de quelques arbres verts, et là j'ai contemplé long-temps les teintes jaunes d'abord, puis rougeâtres, qui se succédaient en se dégradant sur cette masse de rochers.

Le jour baissait quand j'ai repris le chemin que j'avais déjà parcouru : le spectacle était changé. Deux files de voitures roulaient lentement dans toute la longueur de Tolède : les trottoirs étaient encombrés ; une foule de dandys gantés de jaune et chaussés de bottes vernies, assiégeait la porte des cafés et des *riposti*, espèce de salons de conversation ou de cercles en plein vent. J'étais désappointé, je l'avoue, et j'ai regretté un instant mon enthousiasme pour une ville où l'on trouve du vernis et des gants jaunes. Heureusement, les capucins à grande barbe et à besace pendante, regagnant pieds nus leur couvent, m'ont un peu rassuré ; les femmes en mantille noire, et l'éventail à la main, ont achevé la réconciliation. Une procession a débouché de la *via Macqueda*; les voitures se sont arrêtées ; tout le monde s'est découvert, on s'est agenouillé dans la rue et sur les balcons. La soirée commençait fraîche, douce, transparente : la fumée de l'encens est plus suave en plein air. Je suis rentré ravi ; jamais je n'ai rien vu qui fût plein de calme et de bonheur comme cette procession, ce peuple, ce crépuscule.

Le lendemain (c'était hier) j'ai continué mes courses. J'ai remarqué sur notre place de la Marina une petite église qui sent fort son origine profane et qui a dû être une mosquée dans l'intention de l'architecte. En passant devant son portail sarrasin, j'ai traversé ma chère rue de Tolède, pour m'enfoncer dans un dédale de ruelles qui se croisent et s'enchevêtrent. C'est le quartier commerçant. Il y a des rues entières occupées par des artisans de la même profession. Le plus grand nombre n'a de boutiques que pour la forme et travaille dehors : tout se fait au grand air. Il résulte de cette tradition romaine que souvent on ne peut avancer au milieu des tables, des outils et des siéges de la famille. En revanche, le pittoresque y gagne : c'est un mouvement et un mélange fort curieux ; les hommes chantent ou dorment, en s'interrompant pour travailler ; les femmes préparent nonchalamment leur toilette ou le repas, et les enfans tout nus se roulent sur le pavé avec de gros lézards attachés par la patte.

Une de ces rues bruyantes m'a conduit à la mer. J'ai suivi le rivage le long d'une promenade solitaire, et à son extrémité, j'ai trouvé un grand jardin public qu'on appelle la Flora. Les heures brûlantes de la journée m'avaient accablé. J'ai pris place sur un banc et j'ai attendu le soir. Il y a là des cyprès, tels que jamais notre pauvre climat n'en a produit. Les plantes grasses entassées et rabougries dans nos serres, s'étendent ici en pleine terre et déploient toute leur sève. Malheureusement ce jardin manque d'eau, et j'ai regretté ces fontaines de Rome si jaillissantes et si fraîches.

En retournant chez moi, je suis passé devant un théâtre sans être tenté d'y entrer, non plus qu'en aucun d'Italie : en fait d'opéra italien, je vous recommande Paris et la salle Ventadour. Mais j'ai vu une petite place remplie de lumières et de musique ; j'y suis resté. C'était la fête d'une église toute parée et toute coquette ; j'ai passé là une charmante soirée. Tout ce monde était gai, de cette gaîté qu'inspirent la fraîcheur et l'harmonie. On voyait, à travers les grilles d'un couvent voisin, des formes de femmes vêtues de blanc se détacher sur l'illumination : c'étaient des nonnes qui prenaient leur part de la fête ; elle a duré jusqu'à minuit.

Voilà mes impressions des deux premiers jours. Je n'ai rien voulu décrire : je prends au hasard quelques points qui m'ont frappé, et je ne puis les rendre aussi colorés que je les ai vus. Jamais la plume ne reproduira, je crois, la splendeur et le charme de cette terre qu'on peut appeler terre du soleil, dont Palerme est le lieu par excellence.

Je n'ai rien dit non plus de la physionomie morale des habitans, singulier mélange de civilisation et de barbarie. La haine pour Naples et les Napolitains, la rivalité avec Messine, dominent les esprits sans nuire au repos général. Tout ce peuple qui a été fier, vindicatif, cruel à l'occasion, semble maintenant un heureux dormeur. Et comment ne pas dormir, n'être pas heureux ici? Les plaisirs vifs et la politique n'ont point accès à Palerme. La Gazette privilégiée du royaume des Deux-Siciles est le seul journal qui y pénètre, et peu de gens le lisent. On est bien loin de notre vie de France et de ce tourbillon de Paris qui nous entraîne et parfois nous égare : à Palerme, cent mille individus, plus ou moins civilisés, prennent le monde tout au rebours de nous. Le peuple lui-même comprend le plaisir à sa manière : il ne s'enivre pas et joue à la loterie.

Dans quelques jours, nous entreprendrons le tour de l'île, et déjà de savantes négociations sont entamées pour le choix très-important d'un guide et d'un muletier. Ce n'est pas une mince affaire qu'une expédition dans ces montagnes, sans routes, sans auberges, et où il faut emporter à dos de mules des provisions de bouche et des effets de campement. Nous parcourrons ainsi les côtes du midi et de l'est et une partie de l'intérieur ; nous verrons les ruines de Ségeste, de Sélinunte, d'Agrigente, et nous reviendrons par Syracuse, Catane, l'Etna et Messine. Malgré la difficulté des communications, j'espère vous faire parvenir, sinon des lettres, au moins des notes prises sur les lieux mêmes. Je vous les promets comme celles-ci, très-exactes et très-décousues.

# II.



---

Palerme, 6 Juin 1842.

Avant de commencer la grande tournée que je vous annonçais il y a peu de jours, j'ai voulu compléter ma connaissance avec Palerme en visitant ses environs. Mes promenades à la Bagharia, au tombeau de Sainte Rosalie, à l'abbaye de San Martino, au couvent des Capucins, m'ont laissé des impressions aussi variées et non moins vives que la rue de Tolède et le palais des vice-rois.

Partout, en Sicile, la campagne a sa physionomie, son caractère, ses souvenirs.

La Bagharia est un lieu de délassement pour les habitans de Palerme ; la foule s'y porte le dimanche, et se répand joyeuse dans de nombreux jardins. La seule industrie est celle des marchands de citrons et de sorbets, dont les étalages fleuris portent pour inscription : *Viva la divina providenza.* Cette invocation religieuse caractérise bien un peuple habitué à mêler le sacré et le profane, la dévotion et les plaisirs.

En face de ce riant village, le Monte Pellegrino, qui porte le tombeau de Sainte Rosalie, étale le contraste de ses flancs desséchés. Une rampe étroite et rocailleuse grimpe hardiment jusqu'au sommet ; elle a été faite pour la Sainte, à laquelle les voyageurs doivent une visite, aussi bien que les pèlerins. J'ai fait l'ascension, monté sur un âne de l'île de Pentellaria, qui produit, sachez-le bien, les premiers ânes du monde ; ce qui n'a pas empêché le mien de reprendre haleine plus d'une fois sous d'énormes cactus, qui élèvent çà et là leurs fleurs jaunes et leurs masses épineuses. Il faut près de deux heures pour arriver au but. On y est dédommagé de la fatigue et de la chaleur par une vue délicieuse et splendide. La plaine de

Palerme, le parc royal de *la Favorite* se déploient sous vos pieds, et plus loin la mer, vue par dessus des rochers de toute forme, étend son immensité. On remarque à l'ouest la petite île *Delle Femine*, où, vers l'an 1600, un certain Cotisone, qui avait entrepris de se faire passer pour don Sébastien, roi de Portugal tué en Afrique, vint terminer sa vie presque ignorée aujourd'hui, et pourtant bien romanesque et bien aventureuse. Il avait donné de grandes inquiétudes aux successeurs de l'illustre mort.

Le tombeau de Sainte Rosalie ne s'élève pas *au milieu des cloîtres déserts*, comme on le chante et comme on le voit à l'Opéra dans *Robert-le-Diable*, et franchement je le regrette; car la grotte arrangée en église, où repose la vierge royale, est d'un effet mesquin, et ne vaut pas assurément la décoration de la fameuse scène des Nonnes. Je doute même qu'elle en approche dans quelques semaines, quand elle s'illuminera pour les fêtes de la patronne de la Sicile. A Palerme, on ne s'occupe déjà que des réjouissances promises et des cérémonies accoutumées. Quelle hauteur aura le char de la Sainte? (On prétend qu'elle diminue chaque année avec le zèle des fidèles.) Le roi viendra-t-il, ou enverra-t-il seulement un de ses frères ? Verra-t-on l'escadre de l'amiral Hugon qui croise dans les eaux de Naples avec le prince de Joinville ? ce sont là les grandes questions politiques du moment. Il est vrai qu'il s'y joint une question financière : on spécule fort sur les étrangers qui affluent à cette bienheureuse époque, et, du 10 au 20 juillet, on s'indemnise de la solitude de toute l'année. Si jamais la Sicile se donne une charte, on y insérera pour premier article le maintien de la fête de Sainte Rosalie.

Cette dévotion méridionale, pleine de démonstrations bruyantes, qui se traduit en joies et en feux d'artifice, est bien neuve pour qui est né dans l'ouest de la France, pour qui a visité l'austère et religieuse Bretagne. Ce n'est guères que dans quelques couvens qu'on peut retrouver ici des réminiscences de cette foi sérieuse et calme, si peu en harmonie avec le caractère sicilien : San-Martino est un des lieux où j'ai rencontré cette sensation bien rare hors de la vieille Armorique.

C'est une abbaye de bénédictins fondée depuis des siècles, et dotée par tous les souverains qui ont gouverné les Deux-Siciles. C'est là que les cadets des nobles familles annulent leur existence inutile et dépossédée : cette pensée jette déjà de la mélancolie sur le vaste édifice. Il s'élève dans une gorge formée par les montagnes qui entourent la plaine de Palerme et portent Monreale. Des pics hérissés, coniques, inaccessibles, dominent de tous côtés ce sombre monument, d'une architecture froide et régulière comme la vie de ceux qui l'habitent. Le silence et l'oubli sont dans cette vallée perdue. Vous avez pu voir comme moi des gravures du couvent de Saint-Just, où mourut Charles-Quint au milieu des montagnes désertes de l'Estramadure : j'ai retrouvé une parfaite analogie dans le site de San-Martino. De cet univers que Dieu a créé pour les hommes, les moines ne voient que des rochers autour d'eux, le ciel bleu sur leur tête, et, à l'horizon, par une déchirure de la montagne, la mer immuable et infinie, comme l'éternité.

Je suis entré dans les cours du monastère, l'âme agitée. On m'a conduit dans une grande église, dont le chœur en boiserie sculptée est d'une teinte sévère assez rare en Italie. J'ai ouvert les livres d'office que les religieux avaient laissés sur leurs stalles, et j'ai lu plus d'une belle inscription latine composée dans les longues heures de l'isolement. Peu à peu les émanations de la vie claustrale m'ont saisi ; enfoncé dans un de ces siéges en bois noir si bien creusés pour la méditation, j'ai écouté avec une émotion profonde les sons graves de l'orgue, justement célèbre en Sicile, et qu'on fait jouer pour les étrangers : c'est le seul bruit qui convienne à cette solitude.

De vastes corridors, décorés par les portraits des abbés qui ont gouverné l'ordre, conduisent de l'église à la bibliothèque et au musée. Le conservateur est un religieux pâle et amaigri, aux mains longues et blanches, qui parle un français assez pur : il semble atteint d'une maladie de langueur, affection qui ne se développe guères, sous ce climat, qu'à l'ombre monotone des cloîtres. Il y avait quelque chose de poignant dans ses explications résignées et froides, sur des épées, sur des armures de chevaliers, peut-être ses ancêtres : on eût dit que l'or et l'acier lui rappelaient une vie qui lui fut interdite. J'ai quitté San-Martino sous l'impression de tristes pensées.

Avant de rentrer à Palerme, des sensations aussi pénibles, un spectacle plus étrange ont complété ma journée : j'ai visité la maison des Capucins, fameuse par son musée des morts. Le lieu, quoique retiré, n'offre rien de la solitude glaciale de San—

Martino, et c'est une remarque qu'on peut faire en Sicile, que l'habitation des ordres mendians n'a presque jamais l'aspect austère de la demeure des nobles bénédictins.

Dans un grand bâtiment blanc et irrégulier, au bas d'un escalier large qui descend vers une porte étroite, s'ouvre la funèbre galerie que nous venions visiter. Des deux côtés, deux rangs de moines pendent attachés aux murailles, vêtus de leur robe de bure, ceints de la corde de saint François, et portant sur la poitrine un écriteau qui indique leur nom et la date de leur mort. Sur ces figures, lentement desséchées par l'action du feu, qui presque toutes ont conservé, avec la forme des traits, jusqu'à la barbe et les cheveux, la mort a imprimé les expressions les plus hideuses et les plus variées. Les uns laissent pendre leur tête et se courbent vers la terre, où ils devraient reposer ; les autres, renversés en arrière et comme crispés par une convulsion suprême, regardent la voûte avec un air de souffrance ; tous semblent vouloir parodier les vivans en se tenant debout comme eux. Il y a dans cette attitude verticale, qui prête au fantastique, quelque chose de choquant, de monstrueux, qui contraste douloureusement avec l'immobilité propre à la cendre des morts. A la vue de cet affreux spectacle, en parcourant ce musée humain, qui rappelle avec indécence des collections d'histoire naturelle, on est saisi d'un horrible cauchemar, et l'on s'étonne de cette coutume presque irréligieuse. On s'étonne surtout que les familles les plus distinguées de Palerme tiennent à honneur de faire préparer leurs morts au couvent des Capucins, et même les y laissent pêle-mêle, enfermés dans des coffres, avec le nom pour toute épitaphe.

Ces bizarres sépultures, qui semblent naturelles à l'esprit insouciant et positif des Siciliens, révoltent les visiteurs, et cependant chacun retrouve ici la cendre d'un compatriote. Des étrangers de toute nation venus à Palerme, peut-être pour y rétablir leur santé, peut-être comme moi en touristes, sont morts loin de ceux qu'ils aimaient, et ont été portés aux Capucins pour qu'on pût un jour les reconnaître et les réclamer. Beaucoup y sont encore, et, malheureux épisodes dans l'histoire du passé, ils gisent là pour ranimer la curiosité d'un voyageur et servir la cupidité d'un cicerone. Le mien, vieux moine au sourire fauve, qui possède parfaitement sa galerie et m'avait dit souvent : *colui lo conosceva* (celui-là, je l'ai connu), a cru me faire grand plaisir en me montrant un

Français , un jeune homme de mon âge , resté ainsi sur la terre étrangère : il se nomme Edmond Mallet.

Ce souvenir de la patrie absente, cette espèce de retour sur moi-même ont hâté ma sortie de ce vaste et hideux tombeau. J'ai revu le soleil avec bonheur.

A demain mon départ de Palerme.

# III.

Départ de Palerme. — Caravane. — Monreale. — Les Brigands. — Borghetto et Partenico. — Alcamo. — Ancienne Trinacrie. — Ruines de Segeste. — Salemi. — Castel-Vetrano.

———

Girgenti, 10 Juin 1842.

J'ai quitté Palerme le 7 juin par une belle matinée d'été, après une nuit d'orage et de pluie qui avait rafraîchi la route et donné à la végétation toujours ardente une suavité momentanée. J'aurais voulu différer encore ma séparation de la reine de la Sicile, et plus d'une fois j'ai regardé derrière moi comme faisait le roi maure Boabdil en quittant sa chère Grenade. Peut-être ne reverrai-je pas plus ma reine que l'Abencerage ne revit son Andalousie.

Les préparatifs et précautions de voyage avaient du reste nécessité quelque retard. Il n'y a dans toute l'île que deux ou trois tronçons de route carossable (*strade rotabile*), et l'on n'en parle pas sans une certaine emphase. Girgenti, l'antique Agrigente, est très-fière d'un chemin de la nature de nos routes départementales qui va jusqu'à trois lieues de la ville, et permet à quelques habitans novateurs d'avoir de véritables voitures. Il résulte de cet état de choses qu'il faut choisir entre aller à pied ou à mulet : nous avons opté pour le mulet.

Voici la petite caravane : notre guide, qui se nomme Luigi Rannese, est un Sicilien d'environ quarante ans, bronzé par le soleil et policé par le contact des étrangers. Il parcourt l'île en cicerone depuis sa jeunesse, et connaît les moindres sentiers : c'est notre *impresario*, entrepreneur général. Moyennant un prix convenu par journée, prix d'une modicité presque incroyable, il nous fournit quatre mules, dont deux ont l'honneur de porter mon compagnon et moi, une autre est pour lui, et la dernière, qui est fort rétive, porte nos sacs de voyage, quelques ustensiles de cuisine et deux petits matelas ; car nous pourrons parfois bivouaquer, et Luigi doit nous coucher et nous nourrir. Il a pris par surcroît un muletier qui soigne les bêtes et qui lui sert de domestique. Nous formons ainsi un cortége d'une certaine apparence, et je ne suis pas peu flatté d'avoir un serviteur qui m'appelle *Excellence* ou *sa Seigneurie*, et qui a lui même un valet dont il exige presque les mêmes respects. La Sicile a plus d'un rapport avec l'Orient.

En sortant de Palerme nous avons marché assez vite, les mules faisaient mille gambades et paraissaient fort impatientes; mais les ardeurs se sont calmées, et en général la petite troupe chemine au pas, presque toujours en assez longue file, car il est très-difficile de faire marcher de front ces capricieuses bêtes. Nous faisons dix à douze lieues par jour, de ce train qui permet de bien voir et prête à la rêverie. Rien n'est plus pittoresque que nos grands chapeaux de paille et nos montures poussiéreuses, quand elles grimpent de leurs pieds adroits un chemin rocailleux ou qu'elles sentent une fontaine dans une vallée sans ombre. Cette manière de voyager vous imprègne du pays, et, au bout du voyage, on se croit presque indigène.

Il faudrait de longues colonnes pour détailler

les impressions des quatre journées qui m'ont amené de Palerme à Girgenti. Je prendrai quelques traits principaux et caractéristiques. Vous animerez mes notes, et ferez parfois comme les enfans à qui l'on donne des cartes muettes, où ils dessinent les rivières, les villes et les montagnes.

Monreale, la première ville que nous avons rencontrée, est à Palerme ce que Versailles est à Paris ; seulement, au lieu d'un palais superbe, Monreale a une superbe cathédrale. C'est une des églises de l'architecture dite Siculo-Normande ; elle a été restaurée malheureusement en beaucoup d'endroits. On remarque de belles portes de bronze, sculptées par l'artiste qui fit celles du dôme de Pise ; à l'intérieur, sur les voûtes, des peintures fort anciennes représentant des sujets de la Bible, et, au fond du chœur, une figure colossale de Jésus-Christ, disposition qu'on trouve à Rome dans les vieilles églises. Je suis monté sur une petite tour carrée qui sert de clocher, et d'où l'on plonge dans le jardin d'un couvent de bénédictins rempli de fleurs et d'eaux vives, et entouré d'un cloître à colonnettes élégantes. Il m'a rappelé l'aire de plomb du Mont Saint-Michel, avec un style autre pourtant et qui se rapproche beaucoup des ouvrages mauresques à l'Alhambra. Cela m'a paru un lieu délicieux et propre à réconcilier avec les couvens de bénédictins que San Martino m'avait montrés en noir : ici on serait tenté de cette vie si paisible sous un soleil si beau. J'ai distingué la cellule où s'est retiré, dit-on, un Anglais catholique, descendant égaré de la famille des Stuarts, et je me suis dit que ce séjour doit convenir en effet à un rejeton de race royale et malheureuse.

En quittant Monreale, la route s'enfonce tout-à-coup dans les montagnes ; on perd de vue et Palerme et la mer, où pointaient à l'horizon les volcans de Lipari, pour entrer dans une gorge au milieu de deux énormes pentes de rochers de l'aspect le plus sauvage. Le site ressemble à la Suisse, sauf ici l'absence de verdure et une certaine âpreté africaine qu'on retrouve sur toutes les hauteurs. Un ruisseau coule au fond de l'abîme, et semble, vu d'en haut, un mince filet d'argent. La route, suspendue à moitié de la montagne, offre un des points les plus mal famés de l'île, et, au début de l'expédition, il n'était pas sans charme d'avoir quelque impression des brigands du pays, presque aussi classiques que ceux de la Calabre. La place est bien choisie : tout ce qui va à Palerme, ou qui en vient, passe dans ce lieu désert; mais, depuis que des postes de soldats ont été échelonnés à de courtes distances, les malheureux bandits ne trouvent là que de l'eau à boire. D'ailleurs, il ne s'agit pour eux de rien moins que d'avoir *la testa tagliata*, surtout, dit Luigi, quand ils s'attaquent à des voyageurs étrangers; et il nous a raconté l'exécution de quatre pauvres diables qui avaient dévalisé une famille anglaise près du temple de Segeste. Ce qui ôte au sujet un peu de sa poésie, c'est que les voleurs sont presque toujours des *contadini* (des paysans) qui travaillent ainsi à défaut d'autre occupation, quand la faim les presse et que l'occasion les tente, et non pas de ces détrousseurs chevaleresques dans le goût du fameux Jose Maria, le héros de l'Andalousie il y a quelques années.

A un détour de la route, le ravin et les hauts rochers qui l'encaissent, cessent brusquement, et l'on se trouve en face d'une plaine immense, toute parsemée de bourgades et que finit au loin la baie de Castellamare. Nous avons fait halte à Borghetto et à Partenico, qui tiennent moins qu'elles ne promettent. Presque toutes les petites villes de l'intérieur se présentent et s'étalent bien : on dirait que les murailles s'allongent et que les maisons se multiplient pour donner à la cité un air d'importance. Leur aspect d'ensemble a une autre spécialité : c'est une couleur d'un gris rougeâtre, qui fatigue moins l'œil que les perpétuelles maisons blanches des environs de Naples, mais dont l'effet est terne et peu en harmonie avec le ciel.

Notre première couchée a été à Alcamo, vieille ville maure, dont le nom en langage d'Orient est Alkamal, et qui a gardé sur bon nombre de tours et d'édifices le cachet de ses anciens maîtres. Elle est traversée par une longue rue étroite, qui a la prétention de s'appeler le *Corso* comme la *Locande* où nous étions logés a la prétention d'être une auberge. Devant nos fenêtres, les vieilles murailles d'un couvent silencieux reflétaient tristement les couleurs du crépuscule. Nous avons soupé, et je me suis endormi avec des ressouvenirs des Arabes et de leur grandeur passée.

Le lendemain, Alcamo s'est montré inondé de lumières et beaucoup plus gai. Au sortir de la ville, qui est située sur une élévation, on marche vers Segeste, en traversant une contrée où commence à se développer le vrai caractère du sol sicilien. Des collines, jaunes de moissons, s'étagent et se prolongent aussi loin que s'étend la vue, avec des ondulations de terrain régulières et semblables à des vagues ; des crêtes de montagnes terminent ces plaines dorées, où rien ne s'élève que de grands aloës dont la tige sans feuilles ressemble à un cierge gigantesque, où rien ne rompt l'uniformité de la teinte que de grosses touffes de lauriers-roses qui remplissent le lit desséché des torrens. Nulle part, nos campagnes les plus fertiles de la France n'offrent cette exubérance de production. La richesse du sol n'a d'égale que l'insouciance du laboureur, qui n'a pas toujours pris soin de laisser un sentier pour le passage. Nous avons été obligés parfois de lancer nos mules à travers les blés, où elles disparaissaient presque entièrement, nous dirigeant vers le temple de Segeste qui se montrait sur des collines assez éloignées. C'est ainsi que nous y sommes arrivés.

Comme vous le savez, Segeste fut une des villes les plus importantes de la Sicile. Elle soutint des guerres fréquentes contre ses rivales du midi, Agrigente et Syracuse, et elle finit par succomber. Tout a été détruit, à l'exception de deux monumens d'une destination bien différente, un théâtre et un temple. Voilà ce qui reste d'un grand foyer de civilisation.

Le théâtre est situé sur un monticule qui devait dominer la ville, et d'où l'on a une vue magnifique sur les vallées. Il est mal conservé et bien inférieur aux deux théâtres que j'avais vus à Pompéï. Sur ses dalles et ses gradins, des vipères et d'énormes lézards à tête bleue se chauffaient au soleil.

Nous avons couru au temple ; je l'ai trouvé admirable, même après ceux de Pestum. Les antiquaires le placent parmi les plus beaux restes de l'architecture grecque, ce qui lui a valu d'être restauré en 1791 et orné depuis, en l'honneur du roi Ferdinand, d'une inscription d'un pauvre effet sur ces lignes si pures. Quand on a devant les yeux les temples anciens, surtout les temples grecs, on se dit que leur majestueuse simplicité convenait seule au climat et au culte qui étaient les leurs. Ici le monument paraît intact ; ses grandes assises de travertin rougeâtre s'élancent en colonnes, s'étendent en chapiteaux, avec une solidité à défier les siècles. Il y a un côté surtout, où l'édifice prend un aspect grandiose : le roc se creuse presque au-dessous du socle, avec des accidens et des déchirures bizarres ; la masse du temple semble surplomber sur une gorge profonde, que dominent des roches blanches et hérissées où l'on entend crier les aigles et les corbeaux. C'est peut-

34

être le seul temple antique qui présente une telle situation : presque tous sont bâtis sur des terrains unis et calmes, comme l'architecture du monument.

Nous avons déjeûné de nos provisions chez le *custode* privilégié des ruines, car, selon la méthode italienne, même en ce lieu désert, on a régularisé l'admiration et tarifé la curiosité ; puis, nous avons quitté Segeste pour Selinunte. A partir d'Alcamo, on est entré vraiment dans l'ancienne Trinacrie, le grenier de Rome, et les souvenirs païens ne nous quitteront qu'à Taormine. On passe par Salemi, autre ville arabe par le nom et l'origine, qui couronne un rocher d'une figure étrange et contournée, après quoi on retrouve de longues plaines qui nous ont conduits jusqu'à Castel-Vetrano. C'est une pauvre bourgade dépeuplée, d'où on aperçoit au loin la mer méridionale, la mer d'Afrique. Nous y avons couché.

Cette lettre devait se prolonger jusqu'à Girgenti, d'où je vous l'adresse ; mais je me décide à la couper en deux, car je la trouve déjà bien longue. Puissiez-vous n'être pas de mon avis : pour s'intéresser au récit du voyage, il faut s'intéresser au voyageur.

# IV.



Girgenti, 10 Juin 1842.

A partir de Castel-Vetrano, le pays a changé de face et pris un aspect assez rare en Sicile. Ce sont des champs plantés de gros oliviers, disposés par rangées régulières comme nos pommiers normands, dont ils ont souvent les formes tortueuses. La végétation a acquis de la fraîcheur. Les plantes dépourvues de feuilles (cactus et aloës) ne bordent plus le chemin, et des bouquets de palmiers sombres, élevant leurs têtes au-dessus des oliviers, varient les nuances et ornent l'ensemble du paysage.

Après deux ou trois heures de marche dans cette belle campagne, que les Siciliens, peu habitués aux arbres, appellent le bois de Castel-Vetrano, la vue s'élargit, l'horizon se déploie. Une masse informe, confuse d'abord dans le lointain, puis se divisant en plusieurs groupes (rochers ou bâtimens), d'une teinte grisâtre, apparaît et se détache sur le bleu foncé du ciel. J'ai cru long-temps distinguer des édifices et des clochers, et j'ai demandé à Luigi quelle était donc cette ville importante sur laquelle je n'avais pas compté. « Ce n'est pas une ville, m'a-t-il répondu, ce sont les ruines de Selinunte. » Je ne voulais pas l'en croire : cela me semblait si extraordinaire et si prodigieux que je soupçonnais quelque erreur. Ce n'est qu'au pied de ces restes que j'ai pu reconnaître la vérité, passer de ma surprise à une autre plus grande, et admirer un spectacle qui tient vraiment du merveilleux.

Trois temples immenses, bâtis parallèlement dans un espace resserré, gisent, renversés de fond en comble, sur une colline dont le pied est baigné par la mer. Chaque édifice a formé sa masse séparée, et ce sont ces amoncellemens que j'avais aperçus sans pouvoir m'en rendre compte. Les frontons, les corniches, les soubassemens sont jetés en désordre, comme si une main de géant eût joué avec ces pierres colossales. Cependant des fûts de colonne se distinguent encore au milieu du chaos : les tronçons en tombant ont conservé leur rang et leur forme. A travers les décombres, quelques figuiers sauvages étalent leur verdure noirâtre, et, plus nombreux qu'à Segeste, les scorpions et autres reptiles courent sur les feuilles d'acanthe des chapiteaux corinthiens. C'est le tableau d'une suprême désolation.

L'histoire et les traditions sont incertaines sur la date et la cause de ce désastre; l'époque en est sans doute très-reculée, et il est dû, selon les uns, à des guerres d'extermination, selon d'autres, à un tremblement de terre. J'adopterais ce dernier avis, si j'osais en avoir un. Ce qui paraît certain, c'est l'unité de date. La similitude et l'espèce de régularité des entassemens indiquent une catastrophe subite et universelle. Les trois temples, la ville, qui en contenait deux autres et qui couvre de ses débris une colline voisine, tout est tombé en même temps, tout s'est abattu sous le même coup terrible. Selinunte, une des cités les plus puissantes de la Sicile antique, aujourd'hui n'a rien debout, absolument rien, sinon quelques piliers que de loin on prend pour des tours. La solitude et l'aridité règnent sur cette place funeste et comme maudite, que les paysans ont flétrie d'un nom ignoble (*terra dei pulci*) la terre des puces. Il n'y a pas même, comme à Segeste, un gardien des ruines ; et c'est dans une petite ferme, sur le revers du coteau, que nous sommes allés chercher un peu de repos et d'ombre, après deux heures employées sous un soleil ardent à grimper sur ces rochers taillés de main d'homme, et à prendre des dimensions qui méritent d'être recueillies. Les colonnes principales, mesurées sur les tronçons, ont de sept à huit pieds de diamètre ; les chapiteaux en ont plus de douze ; les cannelures sont assez larges et assez profondes pour contenir un homme dans leur concavité. Il n'y a peut-être que les œuvres gigantesques des Égyptiens, et quelques monumens druidiques que j'ai vus en Bretagne, qui puissent rappeler ces proportions étranges, cette exagération de la grandeur si chère aux peuples primitifs. De semblables constructions seraient impossibles de nos jours, et, dans l'intérêt des peuples, peut-être même dans celui de l'art, il ne faut pas le regretter.

J'aurais voulu camper et m'établir au milieu de ces ruines, qui me resteront toujours en mémoire ; mais l'itinéraire arrêté ne me l'a pas permis, et il a fallu leur dire adieu pour gagner Sciacca, où l'on nous promettait à tort un meilleur gîte.

Que voir et que raconter après de pareilles choses ?

Le chemin quitte le bord de la mer et se perd dans une interminable plaine, pour chercher un pont jeté sur un ruisseau dont les bords sont élevés et escarpés. Ce passage est clos par une porte et affermé à un paysan qui prélève un péage arbitraire et variable. En hiver, quand les eaux sont fortes et qu'on a absolument besoin de lui, il ne se fait pas scrupule de taxer les étrangers à une ou deux piastres par tête ; et, si l'on se plaint, on vous dit tout bonnement que la justice n'a pas le temps de songer à ces vétilles, et que d'ailleurs il est juste que les étrangers paient fort cher, parce qu'ils sont *riccissimi* (fort riches). Heureusement, au mois de juin, nous pouvions nous moquer de lui et de sa rivière, et le personnage s'est rabattu à un demi-carlin.

Cette journée, la plus brûlante que nous ayons eue, touchait à sa fin quand nous avons aperçu Sciacca, petite ville maritime sur le flanc d'une montagne qu'on nomme San-Calogero, renommée par ses bains chauds naturels et par une vue très-étendue : on prétend que dans les temps clairs on découvre le cap Bon en Afrique, à l'entrée du golfe de Tunis ; il y a environ quarante lieues. Sciacca est le premier port de mer que nous voyions depuis Palerme. Quelques barques, venues de Trapani chargées de corail, dont la pêche est très-abondante, représentaient tout son commerce. Cependant nous avons trouvé les rues pleines de monde en l'honneur de quelque marché, et pas de place dans les auberges, chose insolite et tout-à-fait inattendue. Grand désappointement de la petite troupe : notre guide Luigi se répandait en exclamations désespérées et d'autant plus sincères que Sciacca est sa ville natale, et qu'il avait annoncé pompeusement *bon souper, bon gîte et le reste.* Forcés d'opter entre un infâme bouge, peuplé d'insectes de toute sorte, et une nuit à la belle étoile, nous avons pris ce dernier parti : la ville a été explorée, on a discuté sur les avantages de tel ou tel emplacement, et la préférence a été accordée à une jolie promenade qui domine la mer. Au moment où nous étendions nos matelas sur de grands bancs de pierre, quelques notables, frappés de nos étranges préparatifs, nous ont offert chez eux un gîte plus confortable, que nous avons refusé par discrétion et par amour du pittoresque. Il y avait dans les offres de ces braves gens beaucoup de cordialité et de façons obligeantes ; je l'écris à l'honneur de Sciacca et pour le dédommagement de Luigi, on ne rencontrerait pas une pareille hospitalité en Italie, de l'autre côté du détroit.

Enfin, après une nuit un peu fraîche, nous avons pris la route qui nous a amenés à Girgenti, en suivant toujours le littoral. Cette journée nous a fourni moins de choses curieuses que les précédentes, mais elle est marquée par une rencontre que je ne puis omettre. A notre droite, nous ne voyions que la grande nappe bleue où dormaient trois ou quatre navires, leurs voiles blanches tendues ; du côté de la terre, quelques cultures nouvelles pour des gens du Nord, des champs plantés de riz et de coton ; puis de grandes carrières de gypse et d'albâtre qui étincelaient au soleil. Nous avons déjeûné sous des grenadiers en fleurs dans un village désolé qu'on appelle, par ironie sans doute, Monte-Allegro : la moitié des maisons tombe en ruine, et les rares et jaunes habitans sont rongés de fièvre et de misère.

A quelque distance de ce village et dans un lieu fort désert, Luigi nous a avertis tout-à-coup qu'il voyait un bandit, et aussitôt il a porté la main à une petite médaille de la Vierge *del Carmelo* qui ne le quitte jamais et l'a toujours préservé des mauvaises rencontres. Nous étions, outre la médaille, quatre hommes, quatre mules et quatre pistolets de poche. C'était assez pour tenir tête à un *signor birbante*. Celui qui nous faisait l'honneur de sa rencontre était armé d'un long fusil à pierre, et tenait la bride de son cheval qui buvait à une fontaine. Nous avons mis pied à terre et approché nos montures pour les abreuver aussi. Le bandit nous a demandé si nous n'avions pas du tabac. Sa physionomie était douce et son ton poli. Notre guide a sorti sa tabatière, lui a fait tendre son mouchoir et l'a vidée dedans. Il a paru très-satisfait et l'a beaucoup remercié. Nous avons continué notre route, et Luigi nous a dit l'avoir reconnu pour un habitant du pays, qui erre dans la montagne depuis qu'il a eu le malheur de tuer un homme à Sciacca. C'est à la façon des Corses.

Cet incident a ramené l'entretien sur un sujet traité déjà en sortant de Monreale, et Luigi s'est promis de nous faire éviter, autant que possible, quelques mauvais passages derrière l'Etna.

Le jour baissait quand nous sommes arrivés au petit havre de Girgenti, à une lieue de la ville. Le commerce du soufre a créé ce modeste port. Des matelots riaient et chantaient, et d'autres hommes sur le rivage faisaient rôtir un bœuf presque entier, suspendu devant un brasier énorme, tout à-fait à la manière des sauvages. Un chemin tournant et assez raide, garni de monceaux de soufre, nous a conduits jusqu'à la pauvre cité qui a remplacé Agrigente, l'ancienne et splendide capitale.

Nous y voilà campés pour deux jours. Beaucoup de choses sont à voir ici ; je vous dirai ce que j'y aurai vu dans ma prochaine lettre.

# V.



———

Terra-Nova, 16 Juin 1842.

Notre dernière journée avait été très-chaude et très-ennuyeuse, et en arrivant à Girgenti après le bivouac de Sciacca, hommes et mules avaient besoin de repos. Une bonne nuit m'a refait, et dès le matin j'ai visité ce qui était autour de nous.

Ici (comme sur d'autres points de la Sicile), il y a deux villes superposées, l'une moderne et debout, l'autre antique et en ruines, la prose et la poésie, Girgenti et Agrigente.

Je ne connais rien de plus prosaïque que Girgenti; elle a été, je crois, substituée à sa devancière pour proclamer l'instabilité des grandeurs humaines. On ne peut se figurer un lieu plus terne, plus sombre, plus misérable. Quelques centaines de pauvres maisons, d'un gris noirâtre, renfermant douze mille habitans, couvrent la partie supérieure d'une pente très-inclinée, et semblent s'appuyer les unes aux autres pour ne pas glisser jusqu'au bas du coteau. On dirait que le soleil brille à regret sur ces masures, triste entassement où rien ne se détache sous sa lumière, et que traversent des rues étroites taillées en escaliers sinueux. Dans la cathédrale, vaisseau informe et lourd, j'ai trouvé un sarcophage en marbre blanc, inférieur à d'autres morceaux du même genre conservés à Rome, une madone du Gnide, et les tombeaux de plusieurs évêques dont un fut nonce extraordinaire auprès du roi Louis xv : son buste a un petit air d'abbé de cour qui sent encore Versailles.

Il y a pour toute promenade une espèce de cour pavée, sur laquelle j'ai vu les descendans des Agrigentins balancés dans des chaises à porteurs soutenues par deux mules. Ce mode de locomotion, en usage en Sicile, manque de grâce partout, et m'a paru manquer de caractère à Girgenti au milieu d'une population qui en est entièrement dépourvue. Elle n'affecte pas moins des prétentions ridicules, et je lui en veux de certains carosses antiques que j'ai vus passer aussi, et de certains souvenirs écrits sur les cafés qui s'intitulent orgueilleusement cafés de Théron, d'Empédocle, de Phalaris.

La ville ancienne se charge de vous dédommager. Elle était située au pied du versant rapide si singulièrement choisi par les Siciliens du moyen-âge, quand ils bâtirent Girgenti avec les pierres d'Agrigente. L'emplacement qu'elle occupait se reconnaît aisément par les murs de rochers qui l'entouraient et qui subsistent encore. Son étendue était immense : Agrigente comptait plus d'un million d'habitans.

On retrouve les traces de huit temples, dont six étaient bâtis sur la même ligne à la suite l'un de l'autre. Ils s'ouvraient d'orient en occident, contrairement à la disposition de nos églises, et comme tous les édifices religieux de l'antiquité.

Le premier, du côté de l'est, était consacré à Junon : on avait choisi la position la plus remarquable, sur le bord d'un escarpement, et ses débris ont quelque chose de plus pittoresque. Un côté de l'édifice est à peu près entier, tandis que la partie qui regarde Girgenti a été renversée et rasée. On reconnaît assez bien le sanctuaire, la place de l'autel où s'achevaient les sacrifices, la *cella* où l'on préparait les victimes.

Des plantations d'oliviers et de caroubiers, et un champ de blé m'ont conduit au temple de la Concorde. Il fut bâti aux frais de la ville de Lilybée, en vertu d'un traité de paix avec les Agrigentins victorieux. Semblable pour la forme à ceux de Pestum et de Segeste, il est presque complet à l'extérieur, et même les divisions intérieures existent encore. On a voulu le restaurer depuis quelques années, comme l'atteste l'inscription qui décore ou plutôt qui déshonore son fronton, et déjà il avait eu la mauvaise chance, au moyen-âge, d'être choisi et un peu défiguré pour fournir une église dédiée à saint Grégoire. Le temple de la Concorde offre un débris très-remarquable de l'architecture grecque. Sa masse est imposante, et il paraît avoir été construit dans des conditions de durée que n'obtiendrait pas l'art moderne. Empédocle disait : mes compatriotes bâtissent comme s'ils ne devaient mourir jamais, ils vivent comme s'ils devaient mourir demain.

Après le second temple, le terrain change de nature : le roc, qui se montre à nu, est creusé d'un grand nombre de tombeaux d'une forme très-simple, et qui sont vides aujourd'hui. Plusieurs servent de retraites aux troupeaux. On rencontre çà et là de grands caveaux arrondis en bosse, qui appartenaient sans doute à des familles puissantes; le jour éclaire d'en haut ce lieu sépulcral, où sont disposées régulièrement des tombes de toutes tailles : on se croirait dans une pyramide égyptienne. Les fouilles pratiquées dans ces tombeaux n'ont pas fourni, à ce qu'il paraît, autant de choses précieuses qu'on l'avait espéré; et, en général, quoique le sol de la Sicile soit peut-être le plus fécond du globe en médailles et objets d'art antiques, cette nature de richesse commence à s'épuiser. De vastes collections se sont formées à l'aide de nombreux enlèvemens, qui ont éveillé la cupidité des habitans et des guides. Presque tous vendent fort cher des médailles, des statuettes, des vases, d'une authenticité douteuse, et après les grandes pluies, qui sont très-rares, des paysans parcourent les terres dans l'espoir de trouver à la surface quelques monnaies ou autres petits objets antiques. C'est de même dans la Péninsule. La Sicile et l'Italie, infidèles à leur histoire nationale, savent au moins l'exploiter et spéculer sur elle.

Les autres ruines d'Agrigente sont plus confuses. Quatre masses de décombres représentent seules les temples consacrés à Hercule, à Jupiter Olympien, à Castor et Pollux, et à Vulcain. Celui de Jupiter Olympien, si on l'avait achevé, eût été une des merveilles du monde. Ses proportions laissent en arrière tous les temples connus, même ceux de Selinunte. Il aurait été sous ce rapport, dans l'antiquité, ce que sont, pour les époques chrétiennes, les cathédrales de Séville et de Cordoue. Mais, durant les terribles guerres d'Agrigente avec Carthage, le monument s'écroula avant d'être terminé ; il ne resta debout que trois colonnes, qui long-temps après, en novembre 1401, furent renversées par un tremblement de terre. Au milieu des fûts et des chapiteaux épars, on remarque une statue colossale, étendue sur le dos, et qui semble encore un géant formidable. C'était une des énormes cariatides qui soutenaient la voûte, ce qui avait fait appeler cet édifice le temple des Géans. Les Siciliens lui ont gardé ce nom.

Un temple à Esculape, un autre à Cérès, dont les restes ont été confondus dans des constructions modernes, et un tombeau monumental, d'un goût très-pur, qu'on prétend être celui de Théron, roi d'Agrigente, complètent les curiosités qui font toute la célébrité de la nouvelle Girgenti.

Malgré l'incontestable beauté de plusieurs de ces débris, malgré la magie des noms et des souvenirs, j'avoue que je me suis senti un peu froid, et je crains de vous communiquer cette froideur. J'avais été touché bien autrement des restes plus sauvages de Selinunte et de Segeste. Un voisinage de civilisation malencontreux, le défaut d'isolement et d'horizon, je ne sais enfin quel mauvais entourage, nuisent à ce qu'on vient chercher dans Agrigente détruite. Les ruines ont besoin d'une certaine mise en scène.

Avant de prendre congé de celles-ci, nous avons voulu faire une excursion à deux lieues dans l'intérieur, pour visiter les exploitations du soufre. Ce commerce, le seul qui ait une importance réelle en Sicile, a souffert beaucoup de la fameuse affaire du monopole qui a occupé récemment le monde politique. Il est à peu près concentré entre Caltanissetta et Girgenti, et les produits s'exportent de cette dernière ville; mais le soufre abonde dans presque toute l'île, qui semble avoir été vomie par un volcan. La mine que nous avons vue est exploitée par un Français, en vertu d'une concession. Le minerai est tiré d'une excavation peu profonde, où il se trouve mêlé à de l'argile et à du gypse. Les procédés d'extraction sont très-simples, et cette industrie facile convient au naturel indolent des Siciliens qui en profitent.

En regagnant Girgenti, et près du bourg d'Arragana, j'ai observé un phénomène très-curieux, dont je n'avais rien lu ni entendu nulle part. Il s'agit d'un volcan de boue, qu'on appelle dans le pays *Maccalubbi*. C'est un monticule, d'un terrain humide et fendillé, où s'élèvent une quantité de petits cratères ou bassins, remplis d'une eau froide et saumâtre. De temps en temps nous voyions apparaître à la surface des nappes huileuses d'une matière qui semble du pétrole ; elles surnagent au-dessus du liquide et le font déborder. Ces fontaines vaseuses, qui n'ont guères plus d'un ou deux pieds de diamètre, sont d'une profondeur inconnue ; la sonde n'a jamais rencontré de fond. On raconte sur leur origine, qui date de 1777, qu'au lever du soleil un bruit souterrain effraya des bergers et leurs troupeaux ; bientôt ce fut un fracas épouvantable, la terre s'entr'ouvrit, on vit une épaisse fumée, et de la principale crevasse sortit une colonne d'eau bourbeuse, lancée à une très-grande hauteur ; trois éruptions semblables se succédèrent le même jour ; puis tout se calma, et l'on trouva sur le sol ce qu'on y voit aujourd'hui. A de rares intervalles, après des temps orageux, il arrive que l'eau des cratères s'élève en petites gerbes : on sent alors quelques secousses aux environs.

Ce phénomène est, je crois, particulier à la Sicile. Il prouve que les volcans qu'elle porte dans son sein, la travaillent et la pétrissent à leur fantaisie. Girgenti paraît placée sur un foyer très-actif : c'est là, à quelques lieues en mer, que surgit, au mois de juillet 1831, cette île insaisissable dont les Anglais et les Napolitains se disputèrent la possession, et qui les mit d'accord en rentrant sous les flots d'où elle était sortie.

Tout se ressent de cette condition géologique : la campagne n'est pas seulement desséchée par le soleil ; on sent qu'elle est brûlée par des feux intérieurs ; et pourtant on est loin encore du grand et principal foyer, l'Etna.

Palma, notre premier gîte après Girgenti, dont la sépare un pays sans intérêt, est une petite ville située sur des terrains rocheux d'un aspect attristant ; et, le lendemain, les grandes plaines marécageuses qui conduisent à Alicata, n'ont offert à nos regards rien de beaucoup plus gai. Nous avons reconnu, comme l'avait annoncé Luigi, que nous commencions la partie vraiment pénible du voyage. Alicata, qui fut l'ancienne Gela, ainsi que l'indique aux archéologues l'inscription *fuit Gela* placée sur la porte de la ville, est aujourd'hui un petit port assez actif à l'embouchure du Salso, le fleuve le plus important de la Sicile; ce n'est pas beaucoup dire, nous l'avons traversé à gué.

La route continue à suivre la côte basse et sablonneuse, qui contraste avec la ligne des monts qu'on voit à l'horizon des terres. Sur les points les plus rapprochés, on distingue des villes perchées comme des nids d'aigle au front de rocs inaccessibles : ce goût des positions aériennes s'accroît avec les montagnes.

A Terra-Nova, où j'achève ma lettre, nous avons passé de jolis instans sur le rivage : des barques sommeillaient, tandis que des matelots, nus jusqu'à la ceinture, apprêtaient d'énormes poissons. Le soleil couchant donnait à ce tableau quelque chose de brillant et de calme, qui m'a rappelé les marines de Vernet.

En rentrant à notre logis, espèce de vieux castel, nous avons été témoins d'une autre scène qui a son côté remarquable. Un âne, grimpé sur le perron, a écrasé la main d'un enfant. La mère, aidée de trois ou quatre gamins accourus à ses cris, a précipité du haut en bas la pauvre bête, qui s'est brisé les reins. Il fallait voir les démonstrations de la femme à qui l'âne appartenait : elle se frappait la poitrine, s'arrachait les cheveux, déchirait ses vêtemens, avec des gémissemens sans larmes ; c'était une douleur à la manière antique. Il y a décidément chez ce peuple des réminiscences de sa haute origine : le fonds a disparu, le caractère principal s'est évanoui ; la forme, dans certains actes de la vie, a traversé les siècles.

# VI.



Syracuse, 21 Juin 1842.

Terra-Nova est le dernier port de Sicile sur la mer du Midi, et, après l'avoir quitté, nous nous sommes engagés dans des terrains découverts qui ont quelque rapport avec les landes sans fin de la Basse-Bretagne. On aperçoit des montagnes dans le lointain, parmi lesquelles un pic très-élevé porte la ville de Castro-Giovanni et marque à peu près le centre de l'île. Nous commencions nos deux plus pénibles journées.

D'abord, la chaleur n'avait pas encore été aussi torride. L'ombre n'existait que pour les insectes cachés sous les touffes basses de quelques plantes sauvages. Après deux ou trois heures nos mules paraissaient épuisées, et cependant elles se sont emportées à l'approche d'une flaque d'eau où nous nous sommes jetés comme des voyageurs du désert. C'était près d'un pauvre village, appelé Comiso, qui n'a pu nous fournir que de maigres citrons, et dont les habitans, étonnés de nos costumes, nous pressaient d'une ardeur si incommode que nous nous sommes décidés bientôt à continuer notre route.

Et quelle route, grand Dieu! le sentier ou plutôt l'escalier taillé dans le roc est praticable pour des chèvres. Les mulets, procédant par petits sauts, nous agitaient fortement, et cet exercice a duré jusqu'au haut de la montagne qui semblait ne devoir jamais finir. Quand elle a été franchie, jugez de notre déception à la vue d'un plateau de la même nature sèche et pierreuse, s'étendant au loin sans habitations et sans arbres. C'est le pays des cailloux. Les laboureurs en font des monceaux énormes, qui attristent encore ces lieux inaccessibles. Nous n'avons rencontré qu'une famille sicilienne, père, mère, enfans, domestiques, chevauchant vers Comiso sur des mulets qui nous faisaient envie, car ils paraissaient plus habitués que les nôtres à cet affreux passage.

Le soir, nous étions exténués en arrivant à Ragusa.

C'est une petite ville qui n'a de commun que le nom avec la Raguse historique de la Dalmatie. Elle est construite en partie sur la pente rapide de la montagne, en partie au fond de la vallée sur le bord d'un ruisseau. De la ville haute on voit les passans dans la ville basse. Les rues sont bordées de vieux palais abandonnés qui ont encore une grandeur sauvage, et au centre de la haute ville, sur une vaste place, une église dédiée à saint Jean écrase tout ce qui l'entoure. Elle est dans le style du XVII⁺ siècle, non pas belle d'architecture, mais très-remarquable par sa masse.

Placée un peu en-dehors de l'itinéraire des touristes, sans chemins et sans visiteurs, cette ville perdue m'a beaucoup impressionné. Il est vrai que nous y avons fait une entrée majestueuse, assis gravement sur nos mules dans l'accoutrement le plus grotesque, au milieu d'une foule empressée, curieuse et bienveillante. C'était sur une plus grande échelle la répétition de Comiso. Cette population à demi-barbare ne se lassait pas de nous examiner ; elle assiégeait notre logement , les plus hardis entraient et adressaient à Luigi mille questions naïves sur nous , sur notre pays , dans l'idiome moins italien qu'arabe de ces recoins de la Sicile. Ce que j'ai le mieux compris autour de moi , c'est l'inscription latine en l'honneur d'une madone qui a fait cesser le choléra au mois de septembre 1837.

On sort de Ragusa comme on y est entré , par des rampes abruptes. On descend dans un ravin pour grimper une montagne , puis on descend encore pour remonter ensuite. Dans ces fatigantes alternatives on rencontre Modica , ville sans air et sans vue , au fond d'un trou et sur un torrent à sec ; puis Ispica et sa vallée , dont les versans arides dominent la fontaine la plus délicieuse , remplie d'une eau vive et limpide qui coule d'un rocher sur de belles stalactites. Cela nous a semblé une oasis. Ces mêmes versans offrent des restes de grottes assez curieuses , creusées par une population primitive , vivant de chasse et de pêche , qui en a fait sa demeure. C'est une tradition vague et mystérieuse qui plaît à l'esprit du voyageur dans cette ennuyeuse contrée.

Nous avons eu un autre dédommagement. D'une de ces hauteurs qu'il a fallu escalader , nous avons aperçu l'Etna. C'était la première fois ; nous le voyions à plus de trente lieues, et pourtant il était distinct : sa tête noirâtre se détachait parfaitement au-dessus des bandes de neige qui étincelaient au soleil. Nous y serons dans quelques jours.

Noto est le terme de ce désert inextricable de roches et de fondrières, et, par un singulier contraste, Noto est peut-être la ville la plus civilisée de la Sicile. Elle fut renversée en 1693 par un tremblement de terre qui rasa toute la côte de l'est, et on la rebâtit à cinq milles de distance dans des proportions plus vastes. Les rues sont larges, les maisons blanches et commodes. Les églises ont des façades grandioses avec des escaliers superbes. Il y a des voitures, des tables d'hôte, des cafés où l'on prend d'excellentes glaces ; enfin c'est une Capoue pour les voyageurs qui arrivent, brûlés et fatigués, par la route de Girgenti.

Cette civilisation a été profitable à Noto : le roi, depuis quelques années, y a transporté le siége du tribunal et le chef-lieu de la province qui étaient précédemment à Syracuse. Une révolte des Syracusains a pu aussi motiver ce changement, et les descendans d'Archimède se confondent en regrets et en jérémiades, tandis que ceux de Noto triomphent et ont élevé une belle statue à Ferdinand. C'est le sujet de toutes les conversations dans les deux villes : il n'est pas un habitant qui n'ait pris parti dans la querelle.

Après Noto, on traverse trois fleuves presque desséchés, dont chacun a vu une défaite des Athéniens au temps de la gloire de Syracuse ; puis une bourgade, appelée Avola, qui compte un millier d'habitans et occupe l'espace d'une cité de dix mille âmes. Les rues et les places sont d'une largeur ridicule, et ornées d'inscriptions portant le nom des quartiers comme celui des rues avec les numéros des maisons. C'est une parodie des grandes villes. La route ensuite n'offre plus d'autres peuplades jusqu'au bassin naturel qui fut le port de Syracuse.

On trouve ici, comme à Agrigente, une ville moderne et des souvenirs.

La ville moderne, dont le nom s'écrit Siracusa et se prononce en sicilien Saragousa, s'allonge au niveau de la mer sur une presqu'île recourbée qui correspond à une autre pointe, et ferme avec celle-ci l'entrée de la baie. Des terrains bas et marécageux s'étendent de toutes parts et donnent au paysage une fatigante monotonie. Quelques palmiers et les sables brillans qui bordent la ligne bleue des eaux, prêtent un peu de couleur à cet ensemble et rappellent l'Orient.

Syracuse n'est plus qu'une mauvaise place de guerre et un port peu fréquenté. Le seul objet de son commerce est ce vin justement renommé de nos jours, et fatalement illustré au moyen-âge par les poisons des Borgia. Les habitans sont misérables et en petit nombre. Les enceintes, les bastions, les fossés ajoutent à la tristesse des rues qui, comme à Girgenti, sont étroites et sales. La seule promenade est un quai assez long, où s'abritent quelques barques marchandes et quelques bateaux de pêcheurs. Voilà toute la marine de ce port où fut anéantie celle des Athéniens.

On visite les colonnes du temple de Minerve enclavées dans les murs de la cathédrale, et la fontaine d'Aréthuse qui forme une petite mare où les lavandières babillent et les enfans barbotent. Puis, au-dehors de la cité nouvelle, on cherche la cité antique, infiniment plus vaste, et qui se composait de cinq quartiers, Ortigie, Acradine, Tica, Néapoli et Epipoli. Le premier, qui était le moindre et séparait le grand port du petit, est le seul bâti et habité. Dans tous les autres, il ne reste de tant de grandeur et de monumens que des tombeaux inconnus, des gradins mutilés, quelques colonnes isolées, en un mot des débris égarés, insaisissables et presque sans nom. Je vous en épargne le détail.

Il y a une exception pourtant. Les Latomies furent d'immenses carrières où l'on enfermait les prisonniers dans la terrible guerre entre Athènes et Syracuse. On voit encore en bon état de conservation plusieurs de ces excavations étranges, qui forment des monolithes. Il en est une surtout, appelée Latomie des Cordiers à cause de son usage actuel, dont les piliers, les voûtes, les arcades, taillés et façonnés dans le roc vif, sont de l'effet le plus hardi et le plus pittoresque.

A côté, on en trouve une autre, dite l'Oreille de Denis (Orecchio di Dionisio), célèbre par sa fabuleuse tradition. Une vaste caverne ou galerie a été creusée et s'élève dans un rocher, sur le plan d'une conque ou d'une oreille. Les proportions intérieures paraissent calculées pour produire un effet d'acoustique, et l'orifice communique à une espèce de niche pratiquée dans la paroi extérieure du rocher, à cinquante pieds au-dessus du sol et de l'entrée de la caverne. De cette niche, on entend les paroles prononcées à voix basse dans la galerie souterraine. C'est là, dit-on, que se plaçait le tyran Denis pour jouir des plaintes et surprendre les secrets de ses victimes. Nous avons fait l'expérience. Les sons arrivent avec une netteté et une force incroyables : un papier froissé dans les mains produit le bruit du tonnerre. Mais si la tradition est vraie, Denis avait sans doute, pour arriver à sa cachette, un moyen plus commode que celui qui consiste à se faire hisser au-dehors entre des cordages et au péril de sa vie, comme le font aujourd'hui les voyageurs curieux et consciencieux.

Il y a aussi une Latomie en ruine près d'un couvent de capucins, et les pères ont fait de cet ancien lieu de supplice un délicieux jardin. Les parois, où furent scellés jadis les anneaux des chaînes, sont voilées par un rideau d'orangers, de citronniers et de grenadiers, d'une vigueur surprenante. Le jeune moine qui en fait très-gracieusement les honneurs, nous a montré la pierre tumulaire d'un consul anglais, mort il y a quatre ans à Syracuse, et qui n'a pu être inhumé en terre sainte vu sa qualité d'hérétique. Les capucins ont réclamé son corps et l'ont pieusement déposé dans ce lieu, où il venait se promener durant sa vie. On aime à faire de telles rencontres. Après avoir tout vu, même les tableaux de l'église peints par les religieux avec plus de zèle que de talent, nous avons accepté un goûter monastique, offert d'une façon si cordiale qu'un refus eût été une impolitesse. C'étaient des fruits secs arrosés d'un flacon de vin de Syracuse. En le versant à ses visiteurs, le bon père nous a appris que le couvent renferme dix-huit religieux, tous aussi heureux et aussi gais que lui. Leur seul chagrin, ce sont les réformes que le gouvernement napolitain veut faire. Ainsi, ils avaient le privilége de préparer leurs morts et de les conserver dans une galerie comme leurs frères de Palerme, et maintenant on leur enjoint de les enterrer au-dehors selon la loi commune. « Vivans, disait-il, nous ne pouvons quitter ce cloître, et morts, on veut nous en sortir ! c'est injuste... »

Cette visite et ce jardin charmant sont un des meilleurs souvenirs que je garderai de Syracuse, où nous sommes restés trois jours. Le dernier s'est passé sur le petit fleuve Anapo, dont les deux bras se réunissent pour se jeter dans le grand port. Ses rives, qui ont porté les tentes des Athéniens et des Carthaginois et vu le camp de Marcellus, sont ornées de grands arbres croisés sur l'eau et de grosses touffes de roseaux magnifiques. Mais la véritable merveille de cette rivière est le papyrus, qu'on y trouve en abondance et qui servit long-temps à faire le papier. Cette plante n'appartient qu'à certains pays chauds, et Syracuse est le seul point où elle croît en Sicile. Rien n'est plus gracieux que sa tige, de huit à dix pieds de hauteur, portant une belle tête échevelée, en forme de houppe. Elle fournit des couches régulières, que les anciens préparaient en feuilles beaucoup mieux qu'on ne le fait aujourd'hui.

Les rives de l'Anapo sont la principale beauté de Syracuse, les Latomies ses principales ruines ; désolée et déserte, elle n'a plus que son nom et de la poussière antique.

# VII.

L'Etna.

Messine, 1er Juillet 1842.

Depuis Syracuse, dont vous a entretenu ma précédente lettre, j'ai parcouru la côte orientale de l'île. J'ai vu Catane au pied de l'Etna ; Toarmine, riche en jolis paysages et chérie des artistes ; Messine enfin, rebâtie après le tremblement de terre de 1783, et qui attend une nouvelle secousse. Je ne dis rien de ces villes, trop connues par les descriptions géographiques pour que j'aie besoin d'y ajouter la mienne ; je n'en dis rien surtout, parce qu'un de mes souvenirs absorbe tous les autres : je ne pense plus qu'à l'Etna, je ne parlerai plus que de l'Etna.

Vous savez qu'il y a quelques jours j'avais aperçu le roi des volcans, dont on distinguait à trente lieues la cîme, noircie de fumée et blanchie de neige. Depuis, nous l'avons revu plusieurs fois, toujours grandi à mesure que nous avancions vers le nord. Enfin, en débouchant dans la plaine de Catane, j'ai eu devant les yeux sa masse tout entière, qui s'étend et s'élève comme un gigantesque rideau.

Je ne puis rendre l'impression que produit cette énormité, vue de près, et qu'on se figure mal avant de l'avoir vue. Ce n'est pas ici un pic, plus ou moins haut, s'élançant d'une plaine ou d'un terrain accidenté. Ce sont des montagnes entassées, qui s'allongent sur une ligne de plus de dix lieues, poussent des racines jusqu'à la mer et s'étagent les unes sur les autres, d'abord vertes, puis blanches, pour servir de base à cette tête noire et fumante qui pointe au-dessus des nuages. C'est plus que de l'étonnement, c'est de la terreur que le voyageur ressent à Catane à la vue de ces barrières infinies qui semblent dominer la ville, éloignée pourtant de près de cinq lieues.

On y entre, en marchant sur des laves qui ont coulé autour des murs, qu'elles enveloppaient d'une inondation de feu. Dans les rues, si neuves et si droites, de cette malheureuse cité, on pense aux horribles secousses qui trois fois l'ont renversée sans qu'il en restât pierre sur pierre, et l'on s'arrête devant les lézardes tracées par le dernier tremblement de terre sur les façades des couvens et des églises. C'est là que sont bien senties l'horreur et la puissance d'un volcan. On ne vit à Catane que par la permission de l'Etna.

Quand je songe maintenant au Vésuve, il m'apparaît comme un objet de fantaisie créé pour l'amusement des Napolitains. L'Etna embrasse à sa base une circonférence de plus de trente lieues, et cette masse est partout hérissée de monticules qui sont autant de bouches ayant eu jadis leur éruption.

Il y a une longue et lugubre histoire de ces embrasemens de l'Etna, qui remontent aux époques fabuleuses et n'ont cessé d'épouvanter la Sicile. Jamais cette force terrible ne s'est ralentie ; et si depuis un siècle et demi, les éruptions sont à peu près concentrées au sommet de la montagne, elles n'ont été ni moins fréquentes ni moins violentes. A partir du commencement de ce siècle, on en compte huit ou dix, dont la dernière ne remonte qu'à 1838[1]. Celles de 1810 et de 1811 présentèrent un des spectacles les plus terriblement admirables qu'il soit donné aux hommes de contempler : durant la nuit les flammes éclairaient jusqu'à Syracuse, et à quinze lieues on lisait comme en plein soleil. Quelquefois l'explosion ne peut se faire jour, les déchiremens sont intérieurs, et alors c'est la Sicile entière qui tremble dans ses fondemens. En 1693, plus de soixante mille personnes périrent de Palerme à Catane. En 1783, le 5 février, plus de cent villes ou villages furent renversés en Sicile et en Calabre, parmi lesquels Messine, Catane, Reggio. Le souvenir de cette sombre journée est toujours vivant dans le pays qu'elle a ravagé. Quels fléaux ! et que nous sommes heureux dans notre France un peu froide !

Atteindre le front du géant qui secoue la Sicile, n'est pas chose aisée, même quand il se repose et lance comme aujourd'hui une fumée à peine visible. Cependant les difficultés sont beaucoup moindres qu'il y a une trentaine d'années. L'as-

---

[1] Six mois après la date de cette lettre, à la fin de 1842, une nouvelle éruption a eu lieu ; elle a été peu considérable.

cension était fort dangereuse, à cause du défaut de guides sûrs, et de la quantité de bandits qui infestaient la montagne. Maintenant les bandits y sont aussi rares que dans le reste de l'île, les guides honnêtes ne manquent pas, et on a poussé le soin pour les voyageurs jusqu'à bâtir sur le versant deux petites maisons de repos. Il n'y a plus à braver que beaucoup de fatigue.

Toutes nos dispositions étant faites, nous avons quitté Catane vendredi 24 juin, et nous sommes arrivés vers le soir à Nicolosi. C'est un village important, bâti du côté du sud au pied de *Monte-Rossi*, l'une de ces bouches secondaires dont j'ai parlé, et qui vomit en 1669 la plus terrible éruption qui ait jamais menacé Catane.

Là on fait une halte pour dîner, prendre des guides et choisir des montures. Le lieu est fort élevé déjà et domine magnifiquement les vallées. J'ai vu le soleil se coucher derrière la montagne, prêtant aux neiges du sommet des teintes roses et toutes sortes de nuances inconnues. La journée avait été superbe, et le thermomètre avait marqué 33 degrés centigrades.

L'heure de partir était venue pour arriver en haut au lever du soleil. C'est l'instant qu'on choisit toujours. Nous avons revêtu des habits d'hiver, pris des souliers ferrés et des manteaux à la calabraise ; et à huit heures du soir, nous quittions Nicolosi mon compagnon et moi, avec des mulets et un guide. Nous laissions deux Anglais à l'auberge, achevant leur dîner et leurs préparatifs.

On traverse d'abord des champs rocailleux, couverts de laves refroidies. Il n'y pousse que des genêts sauvages et quelques plantes de la famille des bruyères. Nous allions lentement à cause des aspérités du terrain. Le jour finissait, et quand nous sommes sortis de ces tristes pierres, la nuit était tombée avec cette rapidité propre aux climats méridionaux.

La lune s'est levée pure et presque pleine au moment où nous entrions dans la région des forêts. C'est la partie la plus belle et la plus facile de la montagne. Nous marchions au milieu de chênes-verts et de châtaigniers, aux troncs énormes, aux branches touffues et qui interceptaient les rayons de la lune. Tout était d'un calme et d'une beauté graves. On se sentait déjà loin de la terre. Nous entendions de temps en temps un chien de berger au fond de la forêt, ou bien le cri d'un hibou effrayé de notre passage, ou bien encore un air sicilien chanté par le guide des Anglais, qui s'étaient mis en route. Notre guide, à nous, parlait de Napoléon, dont il savait les funérailles récentes et dont les gravures d'auberge lui ont appris l'histoire ; il récitait de mémoire en italien les paroles des adieux de Fontainebleau.

Trois heures se sont ainsi passées que je n'oublierai de ma vie. Je pensais à mille choses diverses, que m'inspiraient la beauté de la nuit et cette magnifique solitude. La plupart n'avaient pas de rapport avec l'Etna. Mais les grands spectacles ont une large action sur l'imagination et sur l'âme : souvent ils font parler les cordes les plus éloignées.

Il était minuit quand nous sommes arrivés à la hutte en bois, appelée la *Casa del Bosco*. C'est le premier repos : on s'y arrête avant d'entreprendre la partie la plus difficile. Nous étions sur la limite de la forêt ; elle développait à nos pieds son dôme d'épais feuillages éclairé de teintes fantastiques, et sur notre tête c'étaient des masses noires perdues dans l'éloignement des hauteurs.

Les deux Anglais nous ont rejoints à la Casa del Bosco. On a mangé et causé quelque temps. C'est dans cette triste cabane, que l'année dernière un autre Anglais, jeune et riche, a demeuré seul pendant quatre mois. Il avait laissé ses gens et ses chevaux à Nicolosi, et chaque jour on lui apportait des provisions sur la montagne, qu'il parcourait dans tous les sens. Il n'a voulu partir qu'au mois de novembre, quand la neige interceptait déjà les communications. Etait-ce l'effet d'une admiration exaltée, d'une peine de cœur, ou d'un grand amour de l'excentrique?

Notre petite troupe s'est remise en marche. Les manteaux étaient déployés et serrés au corps, car déjà le vent se levait. Nous avons grimpé par des sentiers tournans, pleins de laves brisées et de pierres énormes lancées du cratère. Les mulets trébuchaient à chaque pas. Peu à peu on a cessé de parler. Chacun s'est ramassé et contracté sur la selle. Un souffle piquant et pénétrant nous frappait au visage et gênait la respiration. C'est dans cet état que nous avons atteint les premières neiges.

Le froid est devenu alors une très-vive souffrance : on était glacé. Nous mettions pied à terre pour nous réchauffer en marchant ; puis la fatigue nous obligeait à reprendre nos montures. Les pauvres bêtes glissaient sur cette neige, dure et polie, dont nous traversions d'immenses étendues, tantôt raides, tantôt presque horizontales, et toujours brillantes à éblouir sous la clarté de la lune. Une de ces vastes plaines se nomme la Plaine-des-Blés. Le nom paraît bizarre : elle est couverte d'une glace séculaire, interrompue par de grands bancs de lave qui me rappelaient les rochers, d'une surface unie, qu'on voit sur nos rivages de la mer.

Pendant deux heures et demie, depuis la *Casa del Bosco*, nous avons marché et monté ainsi, gelés et parfois presque découragés ; car à mesure que nous avancions, la montagne semblait grandir.

Enfin, un des guides a élevé la voix, et une exclamation de joie lui a répondu : il annonçait la *Casa Inglèse ;* c'est le dernier repos. On l'appelle ainsi parce que ce sont les Anglais qui l'ont établi quand ils occupaient la Sicile. La maison s'apercevait comme une tache brune au milieu de la neige ; et plus haut, derrière, on voyait une ombre énorme qui était celle du cône.

Nous étions morts de froid et de lassitude quand on a touché la porte, qu'il a fallu presque enfoncer. Les gonds étaient gelés. Il n'y a guères plus de quinze jours que les neiges permettent d'arriver jusques-là.

Pendant qu'on ouvrait la maison, j'ai lu l'inscription gravée dessus :

PERLUSTRANTIBUS ÆTNAM

ÆDES

BRITANNI IN SICILIA

1811.

C'est de l'orgueil britannique.

La Casa Inglèse contient deux pièces étroites, garnies de quelques mauvais siéges et d'un lit de repos. Les murs étaient enduits de glace recouvrant des noms de visiteurs.

On a fait un peu de feu et bu un peu de rhum. Nos Anglais paraissaient en assez bon état ; mais, depuis une demi-heure, mon compagnon se trouvait indisposé. Il éprouvait une courbature générale et une oppression violente : c'était l'effet du froid et de la raréfaction de l'air, qui, à une telle hauteur, perd de sa qualité respirable. Malheureusement cela n'a fait qu'augmenter, des saignemens de nez sont survenus avec des bourdonnemens d'oreilles ; nous l'avons couché, et il lui a fallu en rester là du voyage, après tant de peine pour manquer le but.

Je lui ai laissé notre guide, et je suis parti avec les Anglais qui avaient le leur. Le temps pressait pour ne pas manquer le lever du soleil. Je me sentais parfaitement remis, et bien disposé pour le surplus de l'ascension qui ne peut se faire qu'à pied. J'étais sûr d'arriver en haut, tant j'en avais le désir.

En sortant de la Casa Inglèse, nous avons traversé un grand espace de neige semblable à ceux déjà franchis auparavant, et puis nous nous sommes trouvés au pied du cône qui porte l'ancien et le nouveau cratères.

Ce cône n'a pas moins de cinq cents pieds de hauteur. Il est formé de cendres, de laves et de scories. C'est un rude travail que de grimper le long de ses flancs, d'une pente très-raide et dont le sol très-friable cède et fuit sous les pieds. Il faut s'aider des mains, et trop souvent au lieu d'avancer on recule. Quand le terrain était plus ferme, nous nous asseyions, mais bientôt les cendres devenaient brûlantes. La lune pâlissait, et autour de nous, à la clarté d'un premier crépuscule, nous distinguions de petites fumées s'élevant à travers les pierres.

Après cinq quarts d'heure d'efforts les plus pénibles, nous sommes arrivés enfin sur le bord de l'ancien cratère.

J'étais épuisé. Il y avait là de gros blocs de lave ; je me suis hâté de m'asseoir. J'ai regardé autour de moi confusément. Je me sentais comme stupéfié. Mon pouls battait très-vite : il me semblait que tout mon sang avait envie de s'envoler.

Mais, après ce premier moment, j'ai repris du calme et j'ai pu voir.

Les Anglais qui étaient montés avec moi paraissaient beaucoup souffrir. Ils ont regardé au thermomètre : il marquait trois degrés au-dessous de zéro , et cependant le froid était moins vif qu'au bas du cône. Cela fait, les deux gentlemen ont tiré quelques coups de pistolet pour essayer des effets d'acoustique à cette hauteur ; et puis, au moment où je m'étais un peu éloigné, ils sont redescendus avec leur guide immédiatement, très-vite, sans avoir à peu près rien vu, et sans m'avertir.

Je me suis trouvé tout seul, et je n'en ai pas été fâché : j'aime l'isolement dans la contemplation.

J'avais à mes pieds l'ancien cratère, vaste entonnoir, foyer aujourd'hui éteint et qui demain peut-être sera crevassé par le feu. Ses parois sont revêtues d'épaisses couches de soufre, qui prennent toutes les nuances du rouge le plus vif au blanc le plus clair. Le fond paraît uni. Du côté du nord, de grands blocs de scories se dressent comme des rochers et surplombent sur cette immense cuve. A ma gauche le cratère actuel, plus élevé que l'ancien et séparé de lui par une cloison de laves, lançait, en grondant, ses fumées du matin toujours plus épaisses.

Pendant que l'horizon rougissait, j'ai essayé de faire le tour de l'ancienne bouche, et d'un pas prudent j'ai atteint le point opposé à celui par où nous étions montés. De ce côté, c'est encore plus terrible. De grandes vallées, déchirées et comme fendues par de gigantesques coups de hache, creusaient au-dessous de moi leurs précipices bleuâtres. Le sol devenait mou et commençait à céder; j'ai dû revenir à mon point de départ.

Mais alors, profitant des derniers instans du crépuscule et pour avoir le panorama tout entier, j'ai pu monter, me traînant dans les cendres, jusqu'à la pointe qui domine tout, même le cratère actuel. C'est le point suprême de l'Etna.

Je me suis assis, et j'ai attendu.

Le soleil était encore derrière la Calabre. Dans l'espace gris et incertain, la brise animait quelques nuages, que je voyais en bas, et qui semblaient de gros flocons de neige.

Tout-à-coup, un rayon a jailli du sommet des vapeurs, se projetant au-dessus de la Méditerranée près du détroit de Messine, qui, vu de si haut, paraissait une petite rivière. Le soleil a monté radieux, éblouissant, dorant l'horizon; éclairant la cime de l'Etna, les montagnes, les coteaux et les plaines, qui se détachaient de l'ombre successivement; les villes, qui étincelaient comme des grains d'argent sur un sable immense; les mers, brillantes de feux et d'azur. La Sicile tout entière s'est illuminée, déroulant un plan gigantesque. Au sud, le cap Passaro pointait vers l'Afrique ; au nord, Stromboli, la sentinelle avancée de l'Etna, se couronnait de fumée ; de toutes parts, se développait le sol de la Sicile et de la Calabre, tourmenté, bouleversé, pétri par le géant que j'avais sous mes pieds, et qui étendait vers l'ouest sa grande ombre conique. — Le spectacle n'a pas été long, mais il est de ceux dont on se souvient toute une vie.

J'étais à douze mille pieds au-dessus de l'Océan et des hommes ; je n'entendais que le bruit continu du volcan ; je pouvais me croire seul au monde. J'ai pensé à mon pays et à ceux que j'aime.

Après avoir bien vu tout ce qui était sous mes yeux, j'ai pu, dans mon émotion contemplative, en face de ce magique tableau, prendre des notes, tracer des lignes courtes mais exactes, que je garderai en souvenir de cette place vierge et solitaire où je les ai écrites ; et de cette journée du 25 juin 1842 où j'ai monté sur l'Etna.

J'ai ensuite écrit mon nom et je l'ai fourré entre deux pierres, je ne sais pourquoi ; car le vent et le volcan feront bientôt place nette.

Avant de quitter ce lieu, que je ne reverrai jamais, j'ai fait rouler de gros quartiers de roche, qui suivent d'abord le plan très-incliné des cendres, augmentent peu à peu de vitesse et bondissent enfin dans le cratère, où on les entend frapper les parois jusqu'à ce que le bruit se perde dans le fracas sourd de cet abîme.

Et puis j'ai jeté un dernier regard autour de moi, et j'ai dit au sommet de l'Etna un éternel adieu.

En quelques minutes je suis arrivé au bas du cône, me laissant presque rouler sur sa pente rapide et mouvante. J'ai retrouvé à la maison anglaise mon compagnon encore souffrant : il avait fait, pour monter, de nouveaux et vains efforts. Nous avons repris nos mulets et nous sommes redescendus, conduits par notre guide, en passant près de la *Vallée-des-Bœufs* et du *Saut-de-la-Jument*, deux précipices épouvantables. Souvent, dans les éruptions, la lave se dirige de ce côté et tombe au fond en cascade de feu. Nous avons trouvé là de pauvres violettes, qui prennent cette saison de la montagne pour les premiers jours du printemps. Vers le milieu du jour, nous étions à Nicolosi au terme d'un voyage de seize heures, trop beau pour être fatigant, trop saisissant pour s'oublier jamais.

Après l'Etna, je ne veux plus rien voir ; après

cinq mois d'absence, je sens le besoin du retour. Demain, une barque que j'aperçois sous mes fenêtres dans le port de Messine, traversera le détroit près de Carybde et de Scylla, et me déposera sur le sol de la Calabre, dont je vais franchir les montagnes pour aller m'embarquer à Naples. Cette lettre est la dernière que vous recevrez de Sicile : bientôt j'aurai revu la France.

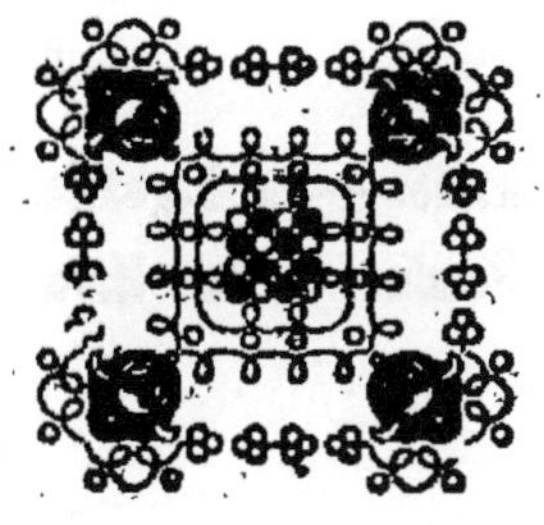

# TABLE.

—

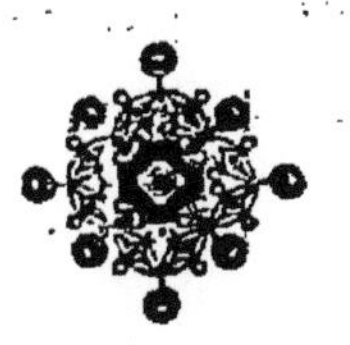